10675

NOUVEL

ALPHABET

ILLUSTRÉ

PARIS. — IMPRIMERIE JULES BONAVENTURE
55, quai des Grands-Augustins.

LECTURE —— ÉCRITURE

EXERCICES MÉTHODIQUES ET GRADUÉS

NOUVEL

ALPHABET ILLUSTRÉ

DE

VINGT-CINQ GRANDS DESSINS

ANIMAUX

PARIS

E. PICARD, LIBRAIRE-ÉDITEUR

47, QUAI DES GRANDS-AUGUSTINS

1867

Lettres majuscules et minuscules imprimées.

A B C D E F G

a b c d e f g

H I J K L M N

h i j k l m n

O P Q R S T U

o p q r s t u

V W X Y Z Æ Œ

v w x y z æ œ

Lettres Majuscules et Minuscules écrites.

A B C D E F G

a b c d e f g

H I J K L M N

h i j k l m n

O P Q R S T U

o p q r s t u

V W X Y Z

v w x y z

Lettres majuscules ornées.

A B C D E F G H I J K L M
N O P Q R S T U V X Y Z
1 2 3 4 5 6 7 8 9 0

A B C D E F G H I
J K L M N O P Q R
S T U V W X Y Z

VOYELLES ET CONSONNES.

Voyelles : a, e, i, o, u, y.

Consonnes : b, c, d, f, g, h, j, k, l, m, n, p, q, r, s, t, v, w, x, z.

ACCENTS.

é aigu, è grave, ê circonflexe.

SIGNES.

, virgule — ; point et virgule — . point — : deux points — ' l'apostrophe — ? point d'interrogation — ! point d'exclamation - le trait d'union — ç cédille — ë tréma.

SYLLABES

Elles se composent d'une ou plusieurs lettres qui se prononcent en un seul son.

A ba-ab, ca-ac, da-ad, fa-af, ga-ag, ha-ah ja-aj, ka-ak, la-al, ma-am, na-an, pa-ap, qa-aq, ra-ar, sa-as, ta-at, va-av, xa-ax, za-az.

E be-eb, ce-ec, de-ed, fe-ef, ge-eg, he-eh, je-ej, ke-ek, le-el, me-em.

I ni-in, pi-ip, qi-iq, ri-ir, si-is, ti-it, vi-iv, xi-ix, zi-iz.

O bo-ob, co-oc, do-od, fo-of, go-og, ho-oh, jo-oj, ko-ok, lo-ol, mo-om.

U nu-un, pu-up, qu-uq, ru-ur, su-us, tu-ut, vu-uv, xu-ux, zu-uz.

Les Mots sont composés de Syllabes.

Pa-pa, ma-man, li-re, é-cri-re.

Les Phrases sont composées de Mots.

J'ai-me mes bons pa-rents.

Je se-rai o-bé-is-sant. Les en-fants stu-dieux se-ront ré-com-pen-sés.

Les en-fants mé-chants sont tou-jours pu-nis.

On n'ap-por-te ja-mais trop d'at-ten-tion à l'é-du-ca-tion de ses en-fants.

Écoutez les conseils de vos bons maîtres et de vos excellents parents.

IL Y A DEUX GENRES,
LE MASCULIN ET LE FÉMININ

Les êtres mâles sont du genre masculin.
Les êtres femelles sont du genre féminin.
L'usage règle le genre des êtres inanimés.

**Un homme, un arbre,
Une femme, une plante.**

IL Y A DEUX NOMBRES,
LE SINGULIER ET LE PLURIEL

Le singulier s'emploie pour désigner un être, un objet.

Le pluriel, quand il y a plusieurs êtres ou plusieurs objets.

**Un homme, des hommes,
Une femme, des femmes.**

LES MOIS DE L'ANNÉE

Janvier,	Février,	Mars,
Avril,	Mai,	Juin,
Juillet,	Août,	Septembre,
Octobre,	Novembre,	Décembre.

LES JOURS DE LA SEMAINE.

Lundi, Mardi, Mercredi, Jeudi, Vendredi, Samedi, Dimanche.

LES SAISONS

LE PRINTEMPS, L'ÉTÉ, L'AUTOMNE, L'HIVER.

LE SOLEIL, LA TERRE, LA LUNE, LES ÉTOILES, L'AIR, LE VENT, L'EAU.

CHIFFRES

ARABES		ROMAINS
1	un	I
2	deux	II
3	trois	III
4	quatre	IV
5	cinq	V
6	six	VI
7	sept	VII
8	huit	VIII
9	neuf	IX
10	dix	X
20	vingt	XX
30	trente	XXX
40	quarante	XL
50	cinquante	L
60	soixante	LX
70	soixante-dix	LXX
80	quatre-vingts	LXXX
90	quatre-vingt-dix	XC
100	cent	C
500	cinq cents	D
1000	mille	M

1 2 3 4 5 6 7 8 9 0

AIGLE

Il est le roi des oi-seaux et doit ce rang à ses bril-lan-tes qua-li-tés. Clé-ment et ma-gna-ni-me, l'Ai-gle dé-dai-gne les fai-bles en-ne-mis; ja-mais on ne l'a vu ras-sa-sier sa faim sur des ca-da-vres. Son vol puis-sant l'é-lè-ve à des hau-teurs im-men-ses, d'où il dis-tin-gue par-fai-te-ment la proie qu'il veut sai-sir et sur la-quel-le il se pré-ci-pi-te a-vec u-ne ex-trê-me ra-pi-di-té.

Aigle   *a*   Ai-gles

Aigle   α   *Aigle*

BÉLIER

Peu d'a-ni-maux nous of-frent au-tant de res-sour-ces; la chair du mou-ton est sur tou-tes les ta-bles, pau-vres ou ri-ches; le lait de la bre-bis fait d'ex-cel-lents fro-ma-ges; leur lai-ne don-ne à l'in-dus-trie u-ne sour-ce im-por-tan-te de ri-ches-ses; en brou-tant mê-me, ils fer-ti-li-sent nos champs.

Les pe-tits a-gneaux se nom-ment mou-tons à leur troi-siè-me an-née.

Bélier   *b*   Bé-liers

Bélier   *b*   *Bélier*

CHEVAL

La plus no-ble con-quê-te que l'hom-me ait ja-mais fai-te est cel-le de ce fier et fou-gueux a-ni-mal. Do-ci-le au-tant que cou-ra-geux et in-tel-li-gent, le che-val nous rend les plus im-por-tants ser-vi-ces; sa do-mes-ti-ca-tion re-mon-te à u-ne é-po-que très é-loi-gnée. Il n'e-xis-tait pas dans le nou-veau mon-de lors-que l'A-mé-ri-que fut dé-cou-ver-te.

Cheval   *c*   Che-vaux

Cheval   c   *Cheval*

DUC

C'est un oi-seau de proie noc-tur-ne très dé-fiant, qui ha-bi-te les grands bois som-bres.

La sou-ples-se de son plu-ma-ge lui per-met de vo-ler sans bruit; il a l'ouïe très dé-ve-lop-pée et de grands yeux d'u-ne fi-xi-té ex-tra-or-di-nai-re. La nuit, il voit par-fai-te-ment; aus-si il chas-se et man-ge les oi-seaux en-dor-mis, les la-pins, etc., qui ne peu-vent lui ré-sis-ter.

Duc   *d*   Ducs

Duc   *d*   *Duc*

ELÉPHANT

Le plus vo-lu-mi-neux a-ni-mal ter-res-tre et le plus re-mar-qua-ble de tous les mam-mi-fè-res, c'est l'É-lé-phant. En lui, le ca-rac-tè-re le plus doux s'al-lie à u-ne for-ce pro-di-gi-eu-se; et son é-nor-me mas-se, de pro-por-tions si gros-siè-res, co-ïn-ci-de sin-gu-liè-re-ment a-vec u-ne gran-de a-gi-li-té et des ins-tincts d'u-ne fi-nes-se sur-pre-nan-te.

Eléphant   é   É-lé-phants

Eléphant   é   Eléphant

FLAMMANT

Ces oi-seaux sin-gu-liers, à la dé-mar-che em-bar-ras-sée à cau-se de leurs lon-gues jam-bes grê-les, ha-bi-tent l'A-fri-que. A la mi-a-oût, ils fu-ient les cha-leurs tro-pi-ca-les et vi-en-nent par ban-des s'a-bat-tre dans les ma-rais du mi-di de l'Eu-ro-pe; leur flam-bo-yan-te pa-ru-re les fait dis-tin-guer de très loin com-me u-ne li-gne de feu dans le Ci-el.

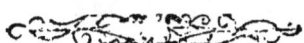

Flammant   f   Flam-mants

Flammant   f   *Flammant*

GIRAFE

Les Girafes ne se trouvent qu'en Afrique et n'y sont pas nombreuses. Elles vivent par familles sur la lisière des plus vastes déserts, se nourrissent de graines et de feuilles d'arbres ; leur taille dépasse souvent sept mètres. Elles évitent, par leur course rapide, les lions, leurs plus terribles ennemis, et, quoique d'un naturel doux et paisible, elles savent bien se défendre quand elles y sont forcées.

*A B C D E F G H I J K L M
N O P Q R S T U V W X Y Z*

Girafe   *g*   Gi-ra-fes

Girafe   *g*   *Girafe*

HYÈNE

Cet animal se rencontre dans tous les pays chauds; toutes les espèces sont carnassières et se nourrissent de viande presque en putréfaction. La Hyène rayée est la plus féroce, et l'on n'est pas parvenu à adoucir ses mœurs cruelles et farouches. Les Hyènes tachetées sont d'un naturel plus heureux. On prétend même qu'elles peuvent être dressées à la chasse et qu'elles montrent alors beaucoup de fidélité.

A B C D E F G H I J K L M N O P Q R S T U V W X Y Z

Hyène   *h*   Hyè-nes

Hyène   h   *Hyène*

INDICATEUR

Cet oiseau vit de cire, de miel, et va prendre sa nourriture dans les ruches sauvages. Sa peau est tellement épaisse, que fraîche il est difficile de la percer avec une épingle ; aussi les Indicateurs ne redoutent pas la piqûre de l'aiguillon des abeilles. Ils ont les ongles très-forts et disposés deux en avant, deux en arrière.

*A B C D E F G H I J K L M
N O P Q R S T U V W X Y Z*

Indicateur   *i*   In-di-ca-teurs

Indicateur   i   Indicateur

JAGUAR

Ce tigre d'Amérique est féroce et incapable d'être apprivoisé ; cependant, malgré son naturel sanguinaire, il ne tue que ce qui est nécessaire à sa consommation et n'attaque l'homme que pressé par le besoin. Son haleine est fétide, sa force prodigieuse ; quoique très-adroit et très-souple dans ses énormes bonds, il est lourd à la course.

*A B C D E F G H I J K L M
N O P Q R S T U V W X Y Z*

Jaguar *j* Ja-guars

Jaguar   *j*   *Jaguar*

KANGUROO

C'est surtout à la Nouvelle-Hollande que vivent les Kanguroos. Ils sont très-recherchés, et leur chasse est même une des principales occupations des habitants, qui trouvent dans leur chair une nourriture abondante, et emploient leurs peaux pour se faire des vêtements.

Avec leurs grands ongles, ils font de profondes blessures, et leur puissante queue sur laquelle ils s'appuient leur sert comme de ressort pour faire des bonds prodigieux.

A B C D E F G H I J K L M N O P Q R S T U V W X Y Z

Kanguroo   *k*   Kan-gu-roos

Kanguroo   k   Kanguroo

LION

Les plus éminentes qualités de l'animal carnassier sont développées en lui au plus haut degré. Sa force, son énergie, son courage, son maintien, cette sorte de noblesse répandue dans tous ses traits, lui donnent sur tous les autres animaux cette supériorité qui lui a valu le titre de Roi.

En guerre continuelle avec l'homme et fuyant devant les progrès de la civilisation, les Lions, autrefois répandus dans toutes les parties de l'Europe, sont rares aujourd'hui même en Asie et en Afrique.

A B C D E F G H I J K L M N O P Q R S T U V W X Y Z

Lion   *l*   Lions

Lion.   *l*   *Lion*

MAGOT

Ce quadrumane remarquable par son intelligence et sa vivacité, ainsi que par quelques points de conformité avec l'espèce humaine, a de tout temps attiré l'attention des voyageurs et des naturalistes.

C'est la seule espèce de singes qui vive à l'état sauvage en Europe, où elle n'est pas très-commune.

Doux de caractère dans son jeune âge, il devient moins traitable à mesure qu'il vieillit ; et la captivité, aigrissant ses mauvaises dispositions, le rend indocile et méchant.

a b c d e f g h i j k l m n o p q r s t u v w x y z

1 2 3 4 5 6 7 8 9 0

Magot *m* Ma-gots

Magot m *Magot*

NAJA

Il n'est pas de morsure venimeuse qui soit plus terrible que celle du Naja; il n'en est pas contre laquelle toutes les ressources de l'art doivent être employées avec plus de promptitude et de soin.

Cette espèce de serpent à lunettes est assez répandue dans beaucoup de régions de l'Inde, où, malgré son inutilité et ses propriétés malfaisantes, le Naja est respecté, adoré même, comme le sont du reste tous les objets qui inspirent de la crainte aux peuples ignorants et crédules.

a b c d e f g h i j k l m n o p q r s t u v w x y z.

1 2 3 4 5 6 7 8 9 0

Naja *n* Na-ja

Naja u *Naja*

OURS

Intrépide, ou pour le moins indifférent au danger, l'Ours ne fuit pas à l'aspect du chasseur. Il ne se plaît qu'au milieu des neiges et des glaces, recherche les plus hautes montagnes, et vit autant de substances végétales que de débris d'animaux.

Lourd à la marche et peu agile, ses très-fortes griffes lui donnent cependant une grande facilité pour monter aux arbres; très-friand de miel, il y cherche les nids d'abeilles. L'Ours du nord qui fréquente les glaciers éternels ayant une nourriture moins facile, est le plus féroce.

a b c d e f g h i j k l m n o p q r s t u v w x y z.

1 2 3 4 5 6 7 8 9 0.

Ours   *o*   Ours

Ours   *o*   *Ours*

PAPILLON

Les espèces en sont aussi nombreuses que variées, les plus belles sont celles de jour; elles méritent une attention particulière par leur légèreté, l'élégance de leurs formes; et surtout à cause de la surprenante variété de leurs splendides couleurs.

Les transformations du Papillon sont extrêmement curieuses; chenille, il est répugnant, quoique la beauté des couleurs qui nous charmeront plus tard se laisse déjà entrevoir; nous le voyons ensuite chrysalide inerte jusqu'au moment où il sort de sa prison pour voltiger jusqu'à sa mort.

a b c d e f g h i j k l m n o p q r s t u v w x y z.

1 2 3 4 5 6 7 8 9 0.

Papillon   *p*   Pa-pil-lons

Papillon   p   *Papillon*

QUACHI

Le Quachi ou Coati est un animal nocturne dont l'espèce est très-caractérisée par ses pieds à cinq doigts, sa queue très-longue et très-poilue, et son long nez très-mobile qui palpe les objets en les flairant.

Ces animaux se trouvent dans les contrées chaudes ; ils sont de mœurs assez douces et peuvent facilement être apprivoisés.

Cher Papa, Chère Maman

QUACHI *q* Qua-chis

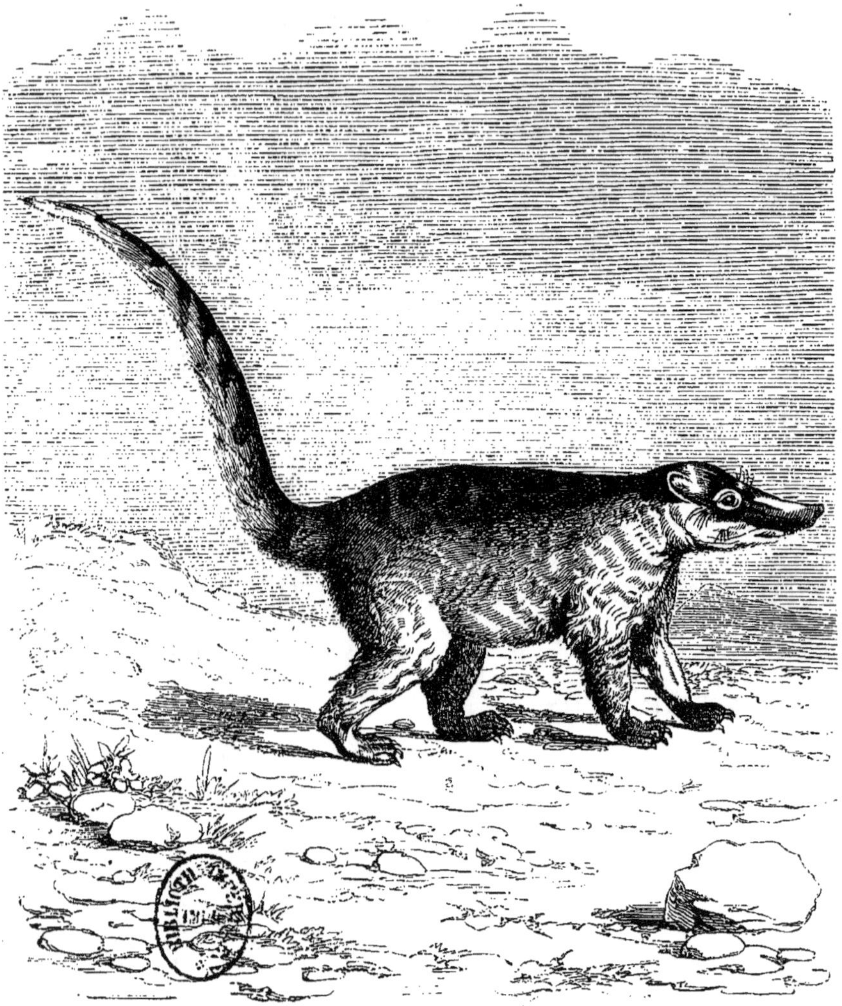

Quachi *q* *Quachi*

RENARD

Doué d'un merveilleux instinct, il est tout ruse, tout prudence, et aucun animal n'est plus fécond en ressources ; aussi, comme il est passé maître en fait de tromperies, son nom est devenu proverbial.

S'il chasse, il développe tous ses moyens naturels, et rarement la proie qu'il convoite, œufs, poules, lapins, perdrix, etc., lui échappe.

Pour savoir, étudiez

Renard   *r*   Re-nards

Renard   *r*   *Renard*

SPATULE

Ces oiseaux forment dans l'ordre des échassiers un genre bien caractérisé par leur bec long, plat, s'élargissant et s'aplatissant surtout au bout en un disque arrondi qui leur a fait donner le nom de spatule. Ils vivent dans les marais boisés et mangent des insectes, des petits poissons, de jeunes reptiles, la forme de leur bec ne leur permettant pas de se nourrir de plus grosses proies.

Pour bien connaître, observez longtemps, c'est indispensable.

Spatule   s   Spa-tu-les

Spatule   s   *Spatule*

TORTUE

Par leur conformation, avec cette carapace inarticulée et surtout à cause de la disposition de leurs pattes, les tortues ne se meuvent que difficilement. Toutes les espèces se plaisent aux rayons du soleil le plus chaud. Les écailles réunies, composant l'enveloppe des tortues, sont d'une solidité extraordinaire; elles supportent sans inconvénient d'énormes fardeaux.

Je n'attends qu'à toi seul;
C'est un commun proverbe.

1 2 3 4 5 6 7 8 9 0

Tortue   *t*   Tor-tues

Tortue   t   𝔗ortue

URSON

Le nom de Porc-épic, tout à fait impropre, a été donné à ces animaux à cause de leur grognement presque semblable à celui du cochon et des dards piquants, raides et aigus qui couvrent leur corps.

La nature, en donnant aux uns le courage et la force, aux autres la ruse et l'agilité, a pourvu chaque animal des ressources nécessaires pour prévenir ou éviter les dangers. Les Porcs-épics, qui n'ont aucun de ces moyens de conservation, ont la peau hérissée de pointes aiguës; et quand ils le veulent, ces dards deviennent une armure très redoutable avec laquelle ils se défendent sans combattre, blessent sans attaquer. L'Urson, espèce de porc-épic, habite le Canada.

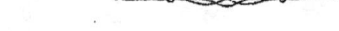

Une hirondelle en ses voyages

Avait beaucoup appris. Quiconque a beaucoup vu

Peut avoir beaucoup retenu.

Urson u Ur-sons

Urson u *Orsou*

VIGOGNE

Cet animal ressemble beaucoup au lama ; il habite la région des neiges perpétuelles dans les montagnes de l'Amérique. Sa chair est un excellent manger, et sa laine, de couleur fauve, est d'une grande finesse et d'une grande douceur.

Les Vivognes vont toujours par troupes nombreuses ; elles sont très timides et si faciles à prendre, qu'une simple barrière faite de cordes tendues auxquelles flottent des chiffons de diverses couleurs, suffit pour les arrêter ; les chasseurs alors tâchent de les pousser contre quelque rocher qu'elles ne puissent franchir et s'emparent sans peine de toute la bande.

A l'œuvre on connaît l'artisan.

Si tu veux qu'on t'épargne, épargne aussi les autres.

En toute chose il faut considérer la fin.

Vigogne   v   Vi-go-gnes

Vigogne   o   Vigogne

XANTHE

Les Xanthes font partie de la nombreuse famille des Crabes, très communs sur les côtes de l'Océan et de la Méditerranée, et bien plus abondants encore dans les régions équatoriales et des tropiques; chaque portée étant de quatre à six cents individus qui atteignent dans l'année presque tout le développement dont ils sont susceptibles.

Ils sont carnassiers, et se nourrissent d'animaux privés de vie; très craintifs, ils fuient les endroits fréquentés, se cachent sous les rochers et ne chassent que la nuit. Quelques espèces sont bonnes à manger; l'une d'entre elles, dont la chair est estimée, est assez commune sur les côtes de France baignées par l'Océan. Les individus de cette espèce peuvent acquérir 0 mètre 30 de largeur et pèsent alors jusqu'à 2 ou 3 kilogrammes.

Les grosses pinces de ces animaux sont toujours peu proportionnées à la grosseur de leurs corps; elles atteignent très souvent des dimensions vraiment extraordinaires.

a b c d e f g h i j k l m n o p q

r s t u v w x y z

Xanthe   *x*   Xan-thes

Xanthe   *x*   *Xanthe*

YAK

Cette espèce de Bœuf ou de Buffle se trouve dans les montagnes du Thibet à l'état sauvage ; leur caractère est irascible et farouche ; cependant les Tartares, les Chinois et les Thibétains ont su les réduire en domesticité. Ils les tiennent par troupeaux, non pour les faire travailler à la terre, mais pour obtenir leur chair, leur riche pelage et surtout leur queue.

Les Yaks aiment beaucoup l'eau et nagent très-bien ; ils sont couverts de longs crins tombants et touffus.

Les houppes dont les Chinois ornent leurs bonnets sont faites avec des poils d'Yak, et c'est principalement avec la riche queue de cet animal que les Thibétains font des chasse-mouches, et les Persans et les Turcs les marques de dignité que portent leurs Pachas.

Travaillez, prenez de la peine,
C'est le fonds qui manque le moins.
Garde-toi tant que tu vivras
De juger les gens sur la mine.

Yak *y* Yaks

Yak *y* *Yak*

ZÈBRE

Originaire du midi de l'Afrique, le Zèbre par ses formes, sa nature, son organisation, ressemble au cheval ; les rayures de couleur foncée qui ornent son corps le distinguent cependant très-particulièrement, et l'avaient fait nommer par les Romains hippo-tigre, c'est-à-dire cheval par la forme et les mœurs, tigre par la coloration.

Il vit à l'état sauvage, et bien qu'il soit connu depuis fort longtemps, aucune tentative sérieuse d'acclimatation n'en a été faite ; les services qui pourraient être rendus par le Zèbre, réduit à l'état d'animal domestique, n'égaleraient pas ceux des petits chevaux ; et s'il peut remplacer l'Ane pour la beauté, il n'en aurait ni la force, ni la grande sobriété, ni même les qualités secondaires, quoique généralement elles ne soient pas appréciées selon leur mérite.

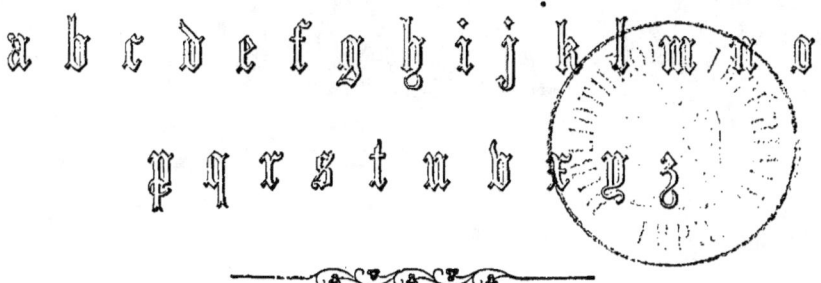

Zèbre   z   Zè-bres

Zèbre   z   Zèbre

MAJUSCULES GOTHIQUES.

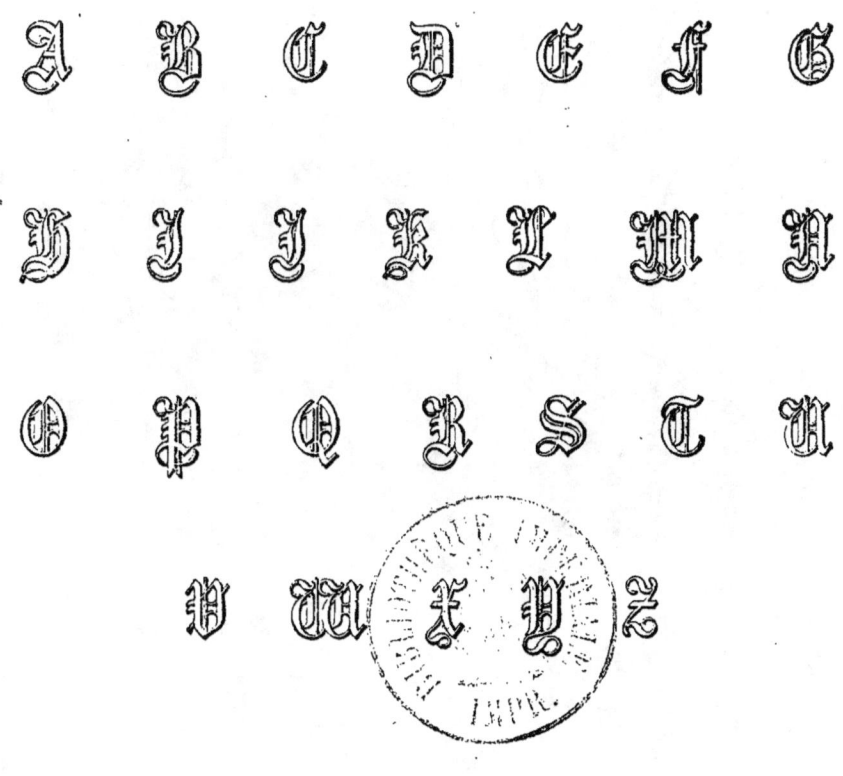

Paris, Imprimerie de Jules Bonaventure.

www.ingramcontent.com/pod-product-compliance
Lightning Source LLC
LaVergne TN
LVHW021732080426
835510LV00010B/1214